Armer Hase

Soforthilfe bei Liebeskummer

Bedacht und bebildert von

Tom Grote und Julia Kaergel

HERDER

FREIBURG · BASEL · WIEN

PENG

verlassen

gehenlassen

Pizza
Pizza

auslassen

vorbeilassen

seinlassen

zulassen

überlassen

ranlassen

einlassen

Alte Straße
Neuer Weg

zurücklassen

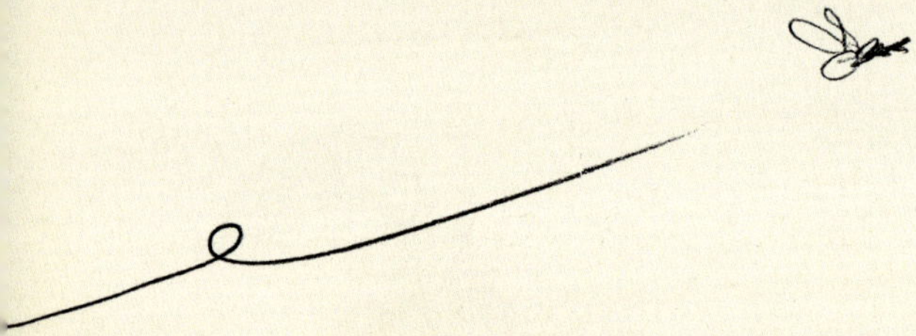

freilassen

Kleider
spende

stehenlassen

P

weglassen

erblassen

loslassen

just
married

auflassen

fallenlassen

gelassen

www.herder.de

Gesamtgestaltung: Weiß – Graphik & Buchgestaltung
Herstellung: L.E.G.O. Olivotto S.p.A., Vicenza 2006

ISBN-13: 978-3-451-29075-6
ISBN-10: 3-451-29075-8